My Notes

All I Wanna Do is Wear My Cosy Homewear, Pet my Cat & Watch Hallmark Holiday Movies All Day Long

My Notes

My Notes

All I Wanna Do is Wear My Cosy Homewear, Pet my Cat & Watch Hallmark Holiday Movies All Day Long

My Notes

My Notes

All I Wanna Do is Wear My Cosy Homewear, Pet my Cat & Watch Hallmark Holiday Movies All Day Long

My Notes

My Notes

All I Wanna Do is Wear My Cosy Homewear, Pet my Cat & Watch Hallmark Holiday Movies All Day Long

My Notes

My Notes

All I Wanna Do is Wear My Cosy Homewear, Pet my Cat & Watch Hallmark Holiday Movies All Day Long

My Notes

My Notes

All I Wanna Do is Wear My Cosy Homewear, Pet my Cat & Watch Hallmark Holiday Movies All Day Long

My Notes

My Notes

All I Wanna Do is Wear My Cosy Homewear, Pet my Cat & Watch Hallmark Holiday Movies All Day Long

My Notes

My Notes

All I Wanna Do is Wear My Cosy Homewear, Pet my Cat & Watch Hallmark Holiday Movies All Day Long

My Notes

My Notes

All I Wanna Do is Wear My Cosy Homewear, Pet my Cat & Watch Hallmark Holiday Movies All Day Long

My Notes

My Notes

All I Wanna Do is Wear My Cosy Homewear, Pet my Cat & Watch Hallmark Holiday Movies All Day Long

My Notes

My Notes

All I Wanna Do is Wear My Cosy Homewear, Pet my Cat & Watch Hallmark Holiday Movies All Day Long

My Notes

My Notes

All I Wanna Do is Wear My Cosy Homewear, Pet my Cat & Watch Hallmark Holiday Movies All Day Long

My Notes

My Notes

All I Wanna Do is Wear My Cosy Homewear, Pet my Cat & Watch Hallmark Holiday Movies All Day Long

My Notes

My Notes

All I Wanna Do is Wear My Cosy Homewear, Pet my Cat & Watch Hallmark Holiday Movies All Day Long

My Notes

My Notes

All I Wanna Do is Wear My Cosy Homewear, Pet my Cat & Watch Hallmark Holiday Movies All Day Long

My Notes

My Notes

All I Wanna Do is Wear My Cosy Homewear, Pet my Cat & Watch Hallmark Holiday Movies All Day Long

My Notes

My Notes

All I Wanna Do is Wear My Cosy Homewear, Pet my Cat & Watch Hallmark Holiday Movies All Day Long

My Notes

My Notes

All I Wanna Do is Wear My Cosy Homewear, Pet my Cat & Watch Hallmark Holiday Movies All Day Long

My Notes

My Notes

All I Wanna Do is Wear My Cosy Homewear, Pet my Cat & Watch Hallmark Holiday Movies All Day Long

My Notes

My Notes

All I Wanna Do is Wear My Cosy Homewear, Pet my Cat & Watch Hallmark Holiday Movies All Day Long

My Notes

My Notes

All I Wanna Do is Wear My Cosy Homewear, Pet my Cat & Watch Hallmark Holiday Movies All Day Long

My Notes

My Notes

All I Wanna Do is Wear My Cosy Homewear, Pet my Cat & Watch Hallmark Holiday Movies All Day Long

My Notes

My Notes

All I Wanna Do is Wear My Cosy Homewear, Pet my Cat & Watch Hallmark Holiday Movies All Day Long

My Notes

My Notes

All I Wanna Do is Wear My Cosy Homewear, Pet my Cat & Watch Hallmark Holiday Movies All Day Long

My Notes

My Notes

All I Wanna Do is Wear My Cosy Homewear, Pet my Cat & Watch Hallmark Holiday Movies All Day Long

My Notes

My Notes

All I Wanna Do is Wear My Cosy Homewear, Pet my Cat & Watch Hallmark Holiday Movies All Day Long

My Notes

My Notes

All I Wanna Do is Wear My Cosy Homewear, Pet my Cat & Watch Hallmark Holiday Movies All Day Long

My Notes

My Notes

All I Wanna Do is Wear My Cosy Homewear, Pet my Cat & Watch Hallmark Holiday Movies All Day Long

My Notes

My Notes

All I Wanna Do is Wear My Cosy Homewear, Pet my Cat & Watch Hallmark Holiday Movies All Day Long

My Notes

My Notes

All I Wanna Do is Wear My Cosy Homewear, Pet my Cat & Watch Hallmark Holiday Movies All Day Long

My Notes

My Notes

All I Wanna Do is Wear My Cosy Homewear, Pet my Cat & Watch Hallmark Holiday Movies All Day Long

My Notes

My Notes

All I Wanna Do is Wear My Cosy Homewear, Pet my Cat & Watch Hallmark Holiday Movies All Day Long

My Notes

My Notes

All I Wanna Do is Wear My Cosy Homewear, Pet my Cat & Watch Hallmark Holiday Movies All Day Long

My Notes

My Notes

All I Wanna Do is Wear My Cosy Homewear, Pet my Cat & Watch Hallmark Holiday Movies All Day Long

My Notes

My Notes

All I Wanna Do is Wear My Cosy Homewear, Pet my Cat & Watch Hallmark Holiday Movies All Day Long

My Notes

My Notes

All I Wanna Do is Wear My Cosy Homewear, Pet my Cat & Watch Hallmark Holiday Movies All Day Long

My Notes

My Notes

All I Wanna Do is Wear My Cosy Homewear, Pet my Cat & Watch Hallmark Holiday Movies All Day Long

My Notes

My Notes

All I Wanna Do is Wear My Cosy Homewear, Pet my Cat & Watch Hallmark Holiday Movies All Day Long

My Notes

My Notes

All I Wanna Do is Wear My Cosy Homewear, Pet my Cat & Watch Hallmark Holiday Movies All Day Long

My Notes

My Notes

All I Wanna Do is Wear My Cosy Homewear, Pet my Cat & Watch Hallmark Holiday Movies All Day Long

My Notes

My Notes

All I Wanna Do is Wear My Cosy Homewear, Pet my Cat & Watch Hallmark Holiday Movies All Day Long

My Notes

My Notes

All I Wanna Do is Wear My Cosy Homewear, Pet my Cat & Watch Hallmark Holiday Movies All Day Long

My Notes

My Notes

All I Wanna Do is Wear My Cosy Homewear, Pet my Cat & Watch Hallmark Holiday Movies All Day Long

My Notes

My Notes

All I Wanna Do is Wear My Cosy Homewear, Pet my Cat & Watch Hallmark Holiday Movies All Day Long

My Notes

My Notes

All I Wanna Do is Wear My Cosy Homewear, Pet my Cat & Watch Hallmark Holiday Movies All Day Long

My Notes

My Notes

All I Wanna Do is Wear My Cosy Homewear, Pet my Cat & Watch Hallmark Holiday Movies All Day Long

My Notes

My Notes

All I Wanna Do is Wear My Cosy Homewear, Pet my Cat & Watch Hallmark Holiday Movies All Day Long

My Notes

My Notes

All I Wanna Do is Wear My Cosy Homewear, Pet my Cat & Watch Hallmark Holiday Movies All Day Long

My Notes

My Notes

All I Wanna Do is Wear My Cosy Homewear, Pet my Cat & Watch Hallmark Holiday Movies All Day Long

My Notes

My Notes

All I Wanna Do is Wear My Cosy Homewear, Pet my Cat & Watch Hallmark Holiday Movies All Day Long

My Notes

My Notes

All I Wanna Do is Wear My Cosy Homewear, Pet my Cat & Watch Hallmark Holiday Movies All Day Long

My Notes

My Notes

All I Wanna Do is Wear My Cosy Homewear, Pet my Cat & Watch Hallmark Holiday Movies All Day Long

My Notes

My Notes

All I Wanna Do is Wear My Cosy Homewear, Pet my Cat & Watch Hallmark Holiday Movies All Day Long

My Notes

My Notes

All I Wanna Do is Wear My Cosy Homewear, Pet my Cat & Watch Hallmark Holiday Movies All Day Long

My Notes

My Notes

All I Wanna Do is Wear My Cosy Homewear, Pet my Cat & Watch Hallmark Holiday Movies All Day Long

My Notes

My Notes

All I Wanna Do is Wear My Cosy Homewear, Pet my Cat & Watch Hallmark Holiday Movies All Day Long

My Notes

My Notes

All I Wanna Do is Wear My Cosy Homewear, Pet my Cat & Watch Hallmark Holiday Movies All Day Long

My Notes

My Notes

All I Wanna Do is Wear My Cosy Homewear, Pet my Cat & Watch Hallmark Holiday Movies All Day Long

My Notes

My Notes

All I Wanna Do is Wear My Cosy Homewear, Pet my Cat & Watch Hallmark Holiday Movies All Day Long

My Notes

My Notes

All I Wanna Do is Wear My Cosy Homewear, Pet my Cat & Watch Hallmark Holiday Movies All Day Long

My Notes

www.ingramcontent.com/pod-product-compliance
Ingram Content Group UK Ltd.
Pitfield, Milton Keynes, MK11 3LW, UK
UKHW050416240426
12048UKWH00021B/1549